EN CAS DE CONTRAINTE PAR CORPS

---

# ANDRÉ BOULLE

## L'ÉBÉNISTE

PAR

### Jules PERIN

A LA COUR IMPÉRIALE DE PARIS

A PARIS
CHEZ AUG. AUBRY, LIBRAIRE
Rue Dauphine, n° 16

M.D.CCC.LXVII

# UN CAS DE CONTRAINTE PAR CORPS

---

# ANDRÉ BOULLE

TIRAGE :

2 Exemplaires sur peau de velin,
3 — sur parchemin,
100 — numérotés sur papier vergé.

N° 

# ANDRÉ BOULLE

## L'ÉBÉNISTE

PAR

Jules PÉRIN,

AVOCAT A LA COUR IMPÉRIALE DE PARIS

*Docteur en droit, Archiviste-paléographe.*

A PARIS

CHEZ ALG. AUBRY LIBRAIRE

Rue Dauphine, n° 16

*Avril* M.D.CCC.LXVII

# ANDRÉ BOULLE [1]

L'histoire de la Contrainte par corps nous fournit un épisode curieux qui se place naturellement sous notre plume, et nous paraît de circonstance, au moment où cette question vient de faire l'objet d'importants et officiels débats.

Cette institution qui a traversé tous les âges, sauf des suspensions de peu de durée et coïnci-

---

[1] Parmi les documents à consulter pour une Étude sur Boulle et ses œuvres, nous mentionnerons l'élégante notice de M. Charles Asselineau : André BOULLE, *ébéniste de Louis XIV*, Alençon, 1854, in-8º de 13 pages (extraite du journal d'Alençon) tirée à 25 exemplaires; 2º édition, Alençon, 1855, in-8º de 16 pages, tirée à 100 exemplaires, dont il faut rapprocher le compte rendu de notre confrère M. A. de Montaiglon dans la *Bibliothèque de l'École des Chartes*, 4º série, t. 1 (1855), p. 81, où il indique diverses sources de renseignements. Des éléments nombreux peuvent, en outre, être recueillis dans les comptes des Bâtiments du Roi, conservés aux Archives de l'Empire, mine inépuisable pour l'histoire des arts sous Louis XIV.

dant avec des temps de crise, tels que la guerre de sept ans et le désastre de Law, cette institution discutée et combattue, et sur laquelle nous n'avons pas à émettre d'appréciation, a fourni assez de sujets au roman et à la nouvelle, pour que nous lui consacrions aujourd'hui une petite page d'anecdote historique. Comme particularité, elle mettra en lumière les rapports des créanciers du souverain avec le royal débiteur, dans une complication où ces créanciers se trouvaient poursuivis eux-mêmes comme débiteurs envers autrui.

Nos rois ont de tout temps aimé à avoir des peintres habiles attachés à leur personne; ils les logeaient dans leurs résidences et les prenaient même à leur suite pendant les voyages.

Or, vers la fin de son règne, le 22 décembre 1608, Henri IV rendit l'arrêté suivant. La grande galerie du Louvre venait d'être achevée; et, dans une louable sollicitude pour les artistes de son époque, il ordonna de disposer le rez-de-chaussée en boutiques et en appartements destinés à servir d'ateliers et d'asiles aux plus renommés artisans de son choix. Voici, du reste, le texte même de la décision royale : « Nous avons, disait-il, fait disposer le bâtiment en telle forme que nous puissions loger commodément quantité des meilleurs ouvriers et des plus suffisants maîtres qui pourroient se recouvrer tant de peinture, sculpture, orfévrerie, horlogerie, insculpture en pierreries, qu'autres de plusieurs et excellents arts, tant pour nous servir d'iceux, comme pour estre par ce même moyen employés par nos subjets... »

Dégagés des obligations gênantes qu'imposaient les corps des métiers, ces artisans n'étaient astreints à subir ni les visites ni les jugements des jurés. Ils travaillaient sous la protection royale. Chacun d'eux pouvait avoir deux apprentis, et, tous les cinq ans, en faire recevoir un comme maître, « sans être astreints faire aucun chef-d'œuvre, prendre lettres, se présenter à la maistrise, faire appeler lorsqu'ils seront passés les maîtres desdites villes, ou leur payer aucun festin, ni autre chose semblable (1). »

Un pareil privilége ne pouvait manquer de susciter des protestations. C'est ce qui arriva. Les métiers réclamèrent, voulurent empêcher ces artisans libres de travailler pour le public et leurs apprentis de s'établir, mais le roi maintint, par lettres-patentes de 1609, leurs priviléges qui fu-

______

(1) Henri IV adressait, en 1600, au connétable de Lesdiguières, gouverneur du Dauphiné, un marbrier de Paris « pour visiter les lieux où il y aura des marbres beaux et faciles à transporter, pour l'enrichissement de mes maisons des Tuileries, Saint-Germain-en-Laye et Fontainebleau... Vous savez comme c'est chose que j'affectionne, » ajoutait-il.

rent encore contestés dans la suite et confirmés de nouveau en 1671 (1).

La victoire demeura si bien aux artisans du Louvre, qu'ils subsistèrent non-seulement sous Henri IV, mais encore sous ses successeurs, et ne cessèrent leur occupation privilégiée qu'à la chute de la monarchie absolue, qui avait créé leur situation exceptionnelle.

C'est ainsi que le Louvre fut, au dix-septième siècle, une pépinière d'artisans célèbres, d'artistes et même de savants, qui ont illustré la France (2).

Autrefois, il y avait des artistes qui ne dédaignaient pas d'être ouvriers; Bernard Palissy était potier, Benvenuto Cellini orfévre, Raphaël traçait les magnifiques cartons destinés à être traduits en tapisseries qui décorent aujourd'hui le Kensington Museum, après avoir fait l'honneur de la résidence royale de Hampton-Court (3).

Or, en 1704, parmi les artisans et artistes de mérite groupés au Louvre, se trouvait André-Charles *Boulle*, qui a attaché son nom à un genre

---

(1) *Collect.* Rondonneau, mars 1671.

(2) A l'époque de la révolution de 1848, il y avait encore des artistes qui, par suite de la création de Henri IV, possédaient des logements et des ateliers au Louvre (E. L. Levasseur, *Histoire des Classes ouvrières en France*, t. II, p. 160.)

(3) M. Wolowski, Leçon faite au Conservatoire des Arts et Métiers, 31 mars 1867 (*Moniteur*, 7 avril).

d'ornementation particulier et dont il trouva le premier le secret et l'harmonie artistique. Grand artiste, il ne voulut, suivant une expression heureuse, qu'être le premier ébéniste (1) de son temps (2).

Né à Paris le 10 novembre 1642, fils d'un ébéniste, il sut enrichir l'état de son père par un goût excellent, joint à une grande habileté dans le dessin. Il tira un parti heureux de la marqueterie dans ses développements les plus agréables. Ses meubles sont décorés de bronzes dorés, dont les formes affectent souvent un aspect sévère, mais qui cependant captivent l'œil par je ne sais quel attrait de diversité. Aux ornementations adhérentes aux boiseries, il ajouta des mosaïques de bois de l'Inde et du Brésil de différentes cou-

(1) Autrefois, on donnait le nom d'ébène à une multitude de bois qui se distinguaient par la beauté de leurs nuances, leurs veines, leur dureté et leur finesse ; et les ouvriers qui les mettaient en œuvre étaient appelés *ébénistes*. Quoique cette confusion ait disparu, le nom d'ébéniste est resté aux ouvriers qui confectionnent les meubles, de même qu'aux fabricants qui les emploient.

L'art de l'ébéniste, en France, fut cultivé avec succès à partir du siècle de François 1er, et les ébénistes français ont toujours surpassé en bon goût, en talents, tous les ouvriers de l'Europe.

(2) M. le comte de Laborde, *Aperçu historique sur la marche des Arts au milieu des nombreux changements de style et des divers modes d'enseignement, de contrôle et de protection.* (Exposition universelle de 1851, *Travaux de la Commission française sur l'industrie des nations*, Paris, 1856, p. 121.)

leurs, rehaussées d'incrustations de cuivre et autres matières d'un façonnage assez difficile. (1).

Ce remarquable artiste travailla pour presque tous les souverains de l'Europe et les dota de plusieurs chefs-d'œuvre que l'on admire encore, et que l'on prend pour modèles dans notre fabrication moderne (2).

Au milieu de ses travaux, et comme bien des artistes, insouciant de ses propres affaires, Boulle jouissait d'une tranquillité parfaite, grâce à la faveur du roi et au privilége dont il profitait; il ne s'inquiétait guère des créanciers qu'il devait avoir inévitablement : car un artiste sans créanciers était presque aussi rare au dix-huitième siècle que de nos jours. Mais il comptait sans les envieux que lui attirait sa position, et qui acharnèrent contre lui les *Gobseck* de l'époque.

Ce grand artiste avait d'ailleurs une cause

---

(1) Boulle fut logé au Louvre depuis l'année 1672.

M. de Chennevières a publié, dans les *Archives de l'Art français* (I, 222-4), les brevets de deux logements accordés à Boulle.

Boulle fut nommé par Louis XIV *graveur ordinaire du sceau*, et il est qualifié, dans le brevet qui lui fut délivré, «d'architecte, peintre, sculpteur en mosaïque, et inventeur de chiffres.»

(2) Son genre, espèce de style *renaissance*, fut remplacé, à la fin du dix-huitième siècle, par le style *grec*, qui excluait tout ornement, et dont la roideur et le nu absolu étaient les caractères principaux.

L'ébénisterie abandonne maintenant ce goût trop sévère, pour en revenir à celui que Boulle avait mis en vogue.

d'embarras financiers. Il était collectionneur ; il consacrait beaucoup d'argent à la formation d'un cabinet de dessins et de gravures. On ne faisait aucune vente de tableaux ou d'estampes, paraît-il, sans qu'il y assistât ; et, pour acheter, il était quelquefois même obligé d'emprunter, presque toujours à gros intérêts (1). Tout le temps que Boulle employait à satisfaire ses goûts amenait des chômages pour les travaux qui lui étaient commandés par les grands de ce siècle fastueux, ce qui, loin de contribuer à augmenter ses ressources, lui attira quelquefois des procès (2).

Aussi, un beau jour, Boulle se trouva-t-il aux

---

(1) Boulle eut la douleur de voir un incendie, dans la nuit du 31 août 1720, dévorer presque entièrement sa collection, l'une des plus riches de son temps.

Une relation sommaire de l'incendie du *chantier de Boulle*, contenant un inventaire, rédigé de mémoire, est conservée à la Bibl. imp. *Supp. François*, 2724, n° 50 ; elle a été éditée, avec de précieuses annotations de notre confrère M. A. de Montaiglon, dans les *Archives de l'Art français*, Documents, t. IV, p. 334-348.

(2) En 1697, Boulle ayant promis de faire délivrer à Pierre Croyat l'aîné quatre piédestaux, deux armoires et un socle, plus les moulures des bas-reliefs de deux piédestaux sur les modèles et mesures à lui remis, ce riche amateur d'objets d'art, à défaut d'exécution par l'artiste en marqueterie des travaux commandés, en poursuivit la livraison par voie judiciaire.

Un mémoire pour le demandeur, in-4° de 39 pages, est conservé à la Bibliothèque impériale, *Recueil Thoisy*. Il a été imprimé dans les *Archives de l'Art français*, Documents, t. IV, p. 329 et suiv.

prises avec des créanciers qui voulaient exercer contre lui leurs contraintes, jusque dans l'enceinte des galeries du Louvre (1).

Voici, à cet égard, trois lettres de Chamillard, contrôleur général des finances, du comte de Pontchartrain, ministre du roi, et de Mansart, surintendant des bâtiments :

*Lettre de M<sup>r</sup> de Chamillard à Jules-Hardouin Mansart.*

A Versailles, ce 10<sup>e</sup> may 1702.

Monsieur, il y a plus de trois semaines que l'arrêt qui accorde une nouvelle surséance au nommé Boulle, ébéniste, pour le payement de ses debtes, a esté expédié ; prenez la peine de lui dire d'aller chez le S<sup>r</sup> du Jardin, secrétaire du Conseil, à qui il a esté envoyé. — Je suis, Monsieur, votre très-humble et très-obéissant serviteur.

CHAMILLARD.

---

(1) Les maisons, en général, abritaient efficacement les débiteurs. La loi romaine avait proclamé l'inviolabilité du domicile. Au moyen âge, c'était de même presque une règle de droit, que la maison des bourgeois et manants devait servir de refuge assuré.

Le Palais du Roi, les lieux saints étaient des asiles inviolables pour les débiteurs.

M. Asselineau, dans la première édition de son étude sur Boulle, avait pensé que c'était précisément pour le protéger de ces poursuites que le roi lui avait donné cet asile. Mais Boulle était en possession depuis trop longtemps des locaux qu'il occupait, pour qu'on puisse chercher aucune corrélation entre cette faveur et les poursuites dont nous parlons.

La situation de Boulle ne s'était pas sensiblement améliorée deux années plus tard, comme le prouve la lettre suivante :

*De M<sup>r</sup> de Pontchartrain à Mansart.*

A Paris, le 29<sup>e</sup> aoust 1704.

Monsieur, les créanciers du nommé Boulle, ébéniste, qui ont des contraintes par corps contre luy, demandent la permission de les faire exécuter dans le Louvre ; et, comme il a esté un temps que le Roy et Monseigneur devoient des sommes assez considérables à cet ouvrier, Sa Majesté m'a ordonné de sçavoir de vous ce qui s'est passé depuis, et s'il luy est encore deu quelque chose. — Je suis, Monsieur, votre très-humble et très-affectionné serviteur.

PONTCHARTRAIN (1).

Cette précaution, prise avant toute permission accordée aux créanciers de Boulle, est extrêmement louable, en même temps qu'elle est curieuse à apprécier.

Une troisième lettre a été retrouvée, qui paraît être de la main de Mansart, mais elle ne porte ni date ni signature :

---

(1) Cette lettre a été publiée, pour la première fois, par M. Depping, *Correspondance administrative sous le règne de Louis XIV*, t. II, p. 843.

*Lettre adressée à Mᵣ de Pontchartrain.*

Monsieur, le Roy a bien voulu accorder encore, pour cette fois, à Boulle, ébéniste, un arrest de surséance, pour six mois, pour luy donner lieu d'acquitter le reste de ses créanciers, à condition que ce sera la dernière grâce que Sa Majesté luy fera là-dessus ; je vous supplie d'en prendre l'ordre de Sa Majesté, et de me croire, avec un attachement très-respectueux, Monsieur, votre, etc. (1).

On ignore si le roi laissa la contrainte s'exercer, mais il est évident pour nous, que si les créanciers demandaient la permission d'user de leur droit, c'est que leur droit expirait devant l'enceinte réservée du Louvre, asile de l'art, comme les temples étaient l'asile de la vie pour les condamnés ; ceux qui approchaient le roi, fût-ce même de loin, devaient ressentir les effets de la protection inhérente à la majesté royale.

Quelques années après, en 1715, sous le ministère du chancelier Voisin, après la guerre de la succession d'Espagne, et plus tard sous celui de d'Aguesseau, après les désastres causés par l'embarras des finances, l'exercice de cette voie de coërcition fut suspendu.

André Boulle décéda «en son appartement aux

---

(1) Ces lettres ont été publiées dans les *Archives de l'Art français*, t. IV, Documents, p. 332 et 333.

galeries du Louvre, » à l'âge de quatre-vingt-dix ans, le 29 février 1732. « Cet homme, dit Mariette, qui a travaillé prodigieusement et pendant le cours d'une longue vie, qui a servy des roys et des hommes riches, est pourtant mort assez mal dans ses affaires (1)... »

Quelle est donc cette tendance, presque mystérieuse, qui semble spéciale aux artistes, surtout aux artistes de talent (à part quelques-uns), de ne pas savoir gérer leurs affaires personnelles ? Leurs créanciers haussent les épaules, quand il s'agit d'user de moyens extrêmes envers ces enfants de la fantaisie : « C'est un artiste !... », voilà l'excuse ; aussi n'est-ce que dans le cas de nécessités rigoureuses que l'on a recours contre eux à l'exercice de la contrainte par corps.

Si les artistes sont créanciers eux-mêmes, plutôt que de s'adresser à dame justice, ils oublieront qu'il leur est dû.

Une réflexion se présente à notre esprit. Si l'on examine les résultats de l'enquête faite, dans ces derniers temps, et les opinions émises par quarante-deux corps d'états, on verra que tous ont opiné pour le maintien de la contrainte par corps, excepté le syndicat des Artistes industriels.

---

(1) MM. de Chennevières et A. de Montaiglon, édition de l'*Abécédario* de Mariette, t. I, v° Boulle.

Est-ce que notre Boulle, cet éminent artiste industriel, aurait laissé un mémoire à ce sujet religieusement conservé, et dont se seraient souvenus ses successeurs et ses élèves?

Grave question, qui échappe à nos investigations !

Quoi qu'il en soit, nous avons pensé que ce souvenir sur un cas spécial de contrainte en 1704 était intéressant à consigner, au lendemain du jour (28 mars) où le Corps législatif votait l'abolition de la contrainte par corps (1).

---

(1) Il paraît que cette loi rencontre au Sénat une assez vive opposition. Il ne serait pas absolument impossible qu'il demandât qu'elle subît une nouvelle discussion dans le sein du Corps législatif.

Paris. — Typ. Rouge frères et Cie, rue du Four-St-Germain, 43.

# ÉTUDES HISTORIQUES

PAR

M. Jules PÉRIN

AVOCAT A LA COUR IMPÉRIALE DE PARIS
DOCTEUR EN DROIT, ARCHIVISTE PALÉOGRAPHE
Membre de l'Académie de législation de Toulouse,
des Sociétés des Antiquaires de Normandie, de Picardie
et de Morinie, des Académies d'Arras, de Caen,
des Sociétés archéologiques d'Avranches, etc.

Composées la plupart sur des documents d'archives
inédits et accompagnées de ces pièces justificatives
tirées à petit nombre.

## PARAÎTRONT SUCCESSIVEMENT

**Législation civile**

xiii siècle. — *Une séparation de corps*
— *Un testament*
— *Un acte de mariage*

**Législation criminelle**

Moyen âge. — *Prévôté et ses Prisons*

**Organisation judiciaire et administrative**

xiii siècle. — *La Prévôté de Coutances*

**Documents pour servir à l'histoire des mœurs
au moyen âge.**

xiv siècle. — *Des Émotions populaires dans le Nord de
la France.*
— *Un livre mystérieux, à Caen.*

---

LES ARCHIVES DÉPARTEMENTALES, leur Avenir, Paris, Librairie de l'Académie des Bibliophiles, 10, rue de la
Bourse, décembre 1865. — Brochure in-8°, papier vergé,
titre rouge et noir, tiré à 200 exemplaires numérotés [...]

Plaidoyer en faveur de la cause des Archives départementales.

[...]